NOUS FAUT-IL

LA RÉPUBLIQUE

OUI OU NON ?

DE L'IMPRIMERIE DE CRAPELET

RUE DE VAUGIRARD, 9

NOUS FAUT-IL

LA RÉPUBLIQUE

OUI OU NON?

PAR

R. F. UN PEUREUX

PRIX : 30 CENT.

PARIS

LÉVY, ÉDITEUR

PLACE DE LA BOURSE, 13

1848

NOUS FAUT-IL

LA RÉPUBLIQUE

OUI OU NON?

—

« Vous connaîtrez l'arbre par ses fruits... » disait Jésus aux Juifs en ce temps-là.

Or, beaucoup de gens de ce temps-ci commencent à croire que Jésus n'avait peut-être pas tort, et que, si la République est cet arbre-là, elle fait peur pour sa fécondité.

On avait dit au peuple : — Tu es souverain !

— Souverain de quoi ? dit le peuple.

— Souverain de la République, dont tu recueilleras toi-même les fruits. Ils s'appellent : *Liberté, Égalité, Fraternité.*

— Trois fort beaux fruits, ma foi, pense le peuple.

Et pour l'exciter à travailler sans relâche à la faire vivre, cette République, on fait briller sur les murs les noms fascinants de ces fruits appétissants.

Et voilà le peuple qui se met en besogne, et qui travaille et s'exténue ;

— car il n'a pas peur de peiner, le peuple, lui qui naît dans le labeur et en use sa vie pour gagner une fosse au bout. — Courage! se dit-il, cette fois au moins nous goûterons le fruit.

Et pendant qu'il travaillait, et baissait la tête, se glisse une main provisoire qui escamote le fruit vert, et jusqu'aux feuilles; en sorte qu'il ne reste que le bois. — Et le tour est joué.

Mais tous ne travaillaient pas. Certains qui fainéantaient au soleil, voyant la duperie, et la faim d'ailleurs les prenant au ventre, crurent qu'ils allaient mourir de faim,

Et l'on sait comment ces oisifs de toute grève s'y sont pris pour dire qu'ils avaient faim, et comment ils se sont mis à briser l'arbre. — C'était hier juin.

Et l'état de siége a pris son grand sabre et s'est mis en train de tailler le pauvre arbre étriqué,—tant et si bien, qu'il l'a rogné jusqu'au tronc.

Or à présent le peuple des vrais travailleurs, qui sent toujours le soleil brûler plus fort, relevant la tête, comprend pourquoi son labeur devient si rude. — Au lieu d'être à l'ombre sous d'épais rameaux, il ne cultive plus qu'un tronc presque mort.

Aussi que se passe-t-il?

L'inquiétude envahit les meilleurs esprits. La défiance, la défiance gagne tous les cœurs, et anéantit le crédit, qui meurt dès qu'on y met le doigt, comme la sensitive.

Tous ceux qui ont travaillé, peiné, payé pour la République, se demandent si elle rapporte ce qu'elle coûte.

Or, qui n'a pas payé son tribut de labeur, de sang, d'argent, de misère à cette République.

J'entends de tous les cœurs s'élever comme un concert funèbre de malédictions.

— Où sont-ils ces fruits tant promis? demande la voix publique, l'opinion inexorable.

Peuple souverain!... dit le Gouvernement.

Beau souverain, ma foi, qui meurt de faim! répond le peuple, dégoûté de sa royauté banale.

Liberté! dit toujours le Gouvernement.

Chair creuse, ajoute le peuple, que la. liberté de vivre de l'air du temps!

Nous avons la liberté de nous faire bâillonner par les geôles de la Conciergerie, ou d'habiter les casemates du fort de l'Est et autres résidences champêtres, voilà tout!

Or, la liberté, hélas! c'est le sourire de Dieu, dont le rayon fait refleurir la vie et le bien-être. Mais le temps est noir, et Dieu ne sourit plus.

Égalité! continue le Gouvernement.

Et chacun de croire qu'il vaut mieux que son voisin.

Où se trouve l'égalité, s'il vous plaît? Je la vois bien écrite partout, mais je ne la rencontre nulle part.

Il n'y a point d'égalité entre nous, vivants ou morts. Il y a des hommes de toute grandeur, de toute couleur, de toute valeur, comme il y a des animaux et des plantes d'infinie variété. Il y a des hommes d'esprit et des sots, comme il y a des fleurs parfumées et des plantes puantes. Il y a des hommes bons et mauvais, comme il y a des fruits succulents et des poisons... Il y a des mendiants d'esprit qui sont riches d'or, comme il y a des opulents d'intelligence qui tendent la main. Celui qui a le cœur n'a pas la tête. Et tel qui a la tête et le cœur n'a pas le sou.

Nous n'avons pas les mêmes droits, parce que nous n'avons pas les mêmes besoins, le même cœur, le même esprit. D'où il suit que nous n'avons pas les mêmes devoirs.

Il n'y a pas plus d'égalité dans la mort qu'il n'y en a dans la vie, parce que l'âme de Tartufe n'est pas égale à celle d'un saint.

Non, les hommes ne sont pas égaux même à Charenton.

Qui serait dupe des prédications égalitaires, quand chacun consume sa vie à devenir plus que son prochain, — et les prêcheurs d'égalité avant les autres; — quand le plus petit prétend toujours trouver un plus petit que lui.

Si les hommes étaient égaux, ils en seraient trop fâchés.

Fraternité! alors, dit enfin le Gouvernement.

Cafardise! et rien de plus, répond le peuple, et les faits avec lui.

Comment les hommes s'aimeraient-ils quand les frères, pour la plupart, se détestent?

Ose-t-on bien parler de fraternité, quand on ne pratique que la division, l'exclusion...

Fraternité! et la moitié de Paris empoigne l'autre.

Fraternité! et tandis que vous autres, pachas républicains, vous aristocratisez dans les palais du roi, le pauvre diable de peuple crie la faim à la porte, ou pourrit dans les bouges infects de la misère.

Est-ce bien dans notre temps de particularisme, où l'on se garde bien, comme disait Montaigne, « de chausser son âme au biais du pauvre, » qu'on proclame la fraternité ?—Quand l'amour égoïste tranche ignoblement les plus grandes questions sociales, quand la mesure du droit n'est pas autre chose que l'intérêt du plus fort... On crie fraternité ! et, en face de la tuante misère du peuple, on ne pratique que la formule sauvage du *chacun pour soi*. C'est là toute la foi sociale.

Vos grands mots n'étaient donc qu'une étiquette menteuse, collée sur un bocal vide. Beau miracle, parbleu ! qu'il n'y ait rien dedans.

C'était une belle enseigne à votre boutique, où la foule accourue ne trouve que des toiles d'araignées.

Et nous autres, pauvres gens, nous avons soldé le mémoire avant d'avoir vu la marchandise.

Nous avons payé les fruits d'un arbre à peine planté, et qui mourra peut-être avant de repousser une feuille.

« Charlatans ! votre médecine vendue si cher n'a rien guéri. — Votre fruit prôné de la République, panacée universelle qui devait guérir tous les maux, n'est encore pour nous qu'un purgatif qui donne la dyssenterie à rendre le sang, — et nos derniers gros sous avec!... »

Ainsi parle le peuple. A chacun son opinion.

Le fait est que ce pauvre arbre de la République avait bien des choses à pousser pour nourrir tout le monde.

Aussi l'Ordre, qui fait des siennes comme vous savez, s'est dit, comme Sganarelle : Nous allons changer tout cela!

A chaque chose il dit son fait :

— A la liberté, il déclare qu'elle est une anarchiste;

A l'égalité, qu'elle est une communiste;

A la fraternité, que le soleil luit pour tout le monde.

Et, morbleu ! de par son grand sabre, il fait comme il l'a dit.

Et là-dessus, gare l'état de siége, et sauve qui peut ! On leur fait à ces exigeantes comme au Journal de M. de Girardin. — Et encore un tour de joué.

Aussi n'entend-on plus partout que cette complainte funèbre : la République se meurt ! la République est morte !

Et, durant que les bonnes âmes récitent dévotement la prière des agonisants, j'en vois qui sont en train de se partager d'avance sa succession.

Pour ma part, je la veux moins ma

lade. Mais je conviens qu'il faut faire un terrible acte de foi, pour croire qu'elle ne tourne pas largement au bois mort, tout comme les arbres de la liberté plantés au printemps dernier.

Or, en cet état de la chose publique, tous se demandent où nous en sommes, où nous allons.

Et la peur les prend... la peur! ce larve malfaisant qui se glisse dans tous les coins de la société, et glace tout ce qu'il touche.

Le grand sabre du général Cavaignac est-il en train de sauver la République, ou de la tuer tout à fait?

Pour ce qu'elle nous vaut, disent les bonnes gens, qu'elle s'en tire! cela ne nous regarde pas. Mais pour Dieu! prenez garde à nous qui n'en sommes pas cause.

En vain regarde-t-on tout autour de soi, la sécurité ne revient pas.

Triste temps que le nôtre, où chacun a peur, où tout le monde fait peur.

Ceux même qui font la grosse voix chevrotent en menaçant. Et les grands sabres qui s'évertuent à résonner fort sur le pavé ne sont pas rassurés non plus.

Le signe sous lequel nous vivons est le signe de la défiance, de la frayeur.

On se défie de son ombre.

Et c'est en cela que consiste le pire

de nos maux. La peur nous ruine plus que ne le feraient les plus désastreuses folies.

Or, à mesure que cette débilitation morale augmente, je ne sais quelle humeur atrabilaire s'empare des masses, et les désintéresse de la *chose publique* qui ne profite à personne. Chacun siffle votre pauvre mise en scène de la République, et rentre chez soi, se disant, comme Montaigne, « je suis dégousté de la nouvelleté, quelque visage qu'elle porte! »

Et la société restera mécontente d'elle-même et de vous, tant que vous ne vous mettrez pas assidûment à appliquer sur toutes les plaies du peuple des remèdes épulotiques pour les cicatriser, — tant que ce peuple verra bien qu'il change de maître, mais qu'il ne change pas, hélas ! sa misère.

Oui, le peuple se défie de vous, parce qu'il voit trop que pour bien gouverner, il ne s'agit pas de gouverner beaucoup ; — parce que vous ne faites que du bruit et du vent, et que ce n'est pas ainsi qu'on trouve la sagesse.

Nous savons le mot de Sénèque : « La sagesse ne s'émeut pas du bruit ; — car si elle entend sonner la trompette ou battre le tambour, elle sait bien qu'on ne la cherche pas. »

Les industriels politiques se frottent les mains ; — parce que, ce durant, ils jouent à la baisse morale, comme on joue à la baisse du crédit, et font ainsi leurs affaires.

Et pendant que vous autres vous jouez au gouvernement, la chose publique va vite de mal en pis.

Pour excuse, vous dites : « Nous sommes occupés à fabriquer une constitution. » Soit !

Sur votre constitution, les uns disent ceci, les autres cela ; la plupart, haro ! quelques-uns, vivat ! — moi, je ne dis que ceci :

C'est qu'il ne suffit pas de bâcler des décrets et de dire : Voilà le gouvernement qu'il vous faut !

C'est que si vous vous amusez à

décrétiser sans tenir compte du passé;
c'est que si vous faites une constitution sans prendre garde à nos apti-
tudes, vous ne constituerez rien du
tout.

Ne faites pas une machine pour mo-
deler la société dessus. Modelez plutôt
votre machine sur cette société, car
autrement elle briserait votre machine, et vous avec elle.

Vous n'êtes pas assez puissants pour
vous tromper impunément pour nous.
Les gouvernements n'usent presque
jamais de l'errata sans préjudice pour
la société.

Le peuple est routinier : il ne demande qu'à être mené suivant sa

marche accoutumée. Il ne vous hait pas encore; il se défie de vous. Il pardonne de se tromper.

Lui qui sait son Béranger par cœur, il sait que

C'est aux soleils d'être sûrs de leur route,

et que vous n'êtes pas des soleils.

Il passe là-dessus. Mais s'il s'aperçoit qu'on l'a joué, il est irramenable.

Et pourtant le peuple n'est pas égoïste. Il répand sa vie sans plus d'attache que vous qui versez l'eau. — Oui, le peuple est généreux ! Vous qui ne le croyez pas, regardez dans la rue. C'est le sang figé du peuple qui cimente le pavé, — et dessous, la terre en est moite encore.

Mais il a eu affaire avec trop de tartufes de la liberté, et il ne croit plus.

Il n'a vu jusqu'ici votre République que pactiser avec la misère, et il sent qu'elle n'a guère à empirer pour dégénérer en hypocrite oppression.

Triste République! au lieu de la garder sainte, immaculée, on l'initie à toutes les vilenies gouvernementales...! Quand on devrait trembler qu'elle ne soit enfin tout à fait ensevelie dans sa propre réprobation, on s'en réjouit!... on s'arrange pour en profiter.

En ce temps-ci, trop de découragements suivent trop d'expériences. Si nous ne savons guère où nous allons, nous voyons bien où nous en sommes.

Cinq cent mille étrangers ont remporté leurs centaines de millions, et la grève soldée des ateliers nationaux a dévoré les vingt millions des caisses d'épargne, sueurs de l'ouvrier. Paris, où tout devrait abonder de vie, est désert et désolé. — Les propriétaires sont ruinés, et payent toujours, — les capitalistes n'ont plus de capitaux, — les neuf dixièmes des ouvriers plus d'ouvrage.

Fasse, par malheur, la République comme l'âne ou le bœuf de l'Évangile qui, le jour du sabbat, tombe dans la fosse, et personne ne l'en retirera....

Faut-il pour cela vous engourdir dans la mort ? faut-il rester là à perpétuité comme des stalactites, véritables concrétions pierreuses, à obstruer de votre masse morte la voie de la vie ?

Faut-il que votre France devienne une voie de tombeaux plus inanimée que celle de Pompéïa ?

Corps vides que nous sommes, crierons-nous jusqu'à la dernière heure : Misère, et misère à donner le vertige !

Et les renards qui ont le ventre plein, crieront-ils plus fort que les autres ? Puisque ce sont toujours les riches qui pleurnichent le plus lamentablement, et font dans la rue les visages pâles.

Quand cesserons-nous de nous croiser les bras, et de dire : Rien ne se fait ?

Non, les grands enseignements du passé ne doivent plus être au milieu de nous, comme ces affiches des carrefours devant lesquelles tout le monde passe, et que personne ne regarde.

Encore un peu de foi, et le peuple, dans un splendide épanouissement, se dilatera sous le nouveau soleil de la renaissance. — Le Gouvernement le dit. — Encore un peu de foi ! s'il vous plaît.

Nous ne tournerons donc bientôt plus dans notre cage d'écureuil.

Le croquemitaine d'état de siége ne mangera pas tout.

Pour si simple que soit le peuple, il y voit encore clair. Et si cet ogre d'état de siége décrétait qu'il va le dévorer, il trouverait bien le moment où il dort, et se sauverait avec ses bottes de sept lieues.

Mais l'état de siége n'est pas un ogre, et le peuple n'est pas le petit Poucet.

Encore, encore un peu de foi !

C'est peut-être un préjugé que de juger l'arbre par ses fruits.

Et la République ne poussera peut-être pas toujours si régulièrement en guise de liberté, d'égalité, de fraternité, — le mensonge, la duperie, la tartuferie.

Bonnes gens donc qui estimez au dire de l'Évangile qu'un arbre bon ne peut produire de mauvais fruits, — ne vous hâtez pas de le dévouer au feu. Un peu de foi! s'il vous plaît... puisque certains assurent que vous cueillerez bientôt des figues sur les ronces... ce qui va bien vexer l'Évangile.

Mais, quoi qu'il arrive, n'oubliez jamais que la défiance tue le travail, — et surtout qu'on ne gagne rien avec des coups de fusil : quand le plomb paraît, l'argent se cache.

A ces causes, et faute de mieux, disons *oui* pour la République, nous autres bonnes gens de la paix à tout prix, en attendant, ce dont le bon Dieu nous garde! que le pauvre arbre ne nous tombe sur la tête.

Août 1848.

FIN.

DU MÊME AUTEUR

Pour paraître prochainement

DU PRÊTRE

DANS LE PASSÉ

PRÉSENTEMENT, DANS L'AVENIR

2 volumes format anglais

DES

VENDEURS DE PRIÈRES

Un vol. in-18, anglais

DE L'IMPRIMERIE DE CRAPELET, RUE DE VAUGIRARD, 9.

www.ingramcontent.com/pod-product-compliance
Lightning Source LLC
Chambersburg PA
CBHW051343050726
47595CB00006B/2385